Dedico esse livro à minha mãe Latifa Boccato, que me apresentou os primeiros aromas do macarrão ao alho e óleo, e à minha netinha Serena Boccato, que adora fazer comigo uma boa massa caseira!

Agradecimento e gratidão à toda equipe da Bocatelli (ex-Massas & Molhos) em especial ao masseiro Marquinhos (José Marcos da Silva) sem o qual esse livro não poderia ter sido feito.

André Boccato

André Boccato

Massas
gourmet

Editora Senac São Paulo - São Paulo - 2015

Massas *gourmet*

Eu venho de uma família italiana e, como todos sabem, isso tem a ver com o tal DNA da comida, em especial da "pasta", ou pastasciutta (pasta enxuta, pasta seca), o nosso popular e conhecido macarrão.

A história da massa ou da "pasta", como tudo na vida da humanidade, está ligada a razões políticas e geográficas, ou logísticas. E como este não é um livro de história, basta dizer que, por favor, caso não saibam, não sigam acreditando que o macarrão foi introduzido na Itália por Marco Polo!

Ceifar o cereal, moer, obter farinha, acrescentar água, moldar e assar ou cozinhar em água são o que a humanidade faz há centenas de anos (milênios), seja para bolos, pães ou massas de macarrão. O que existe de diferente na proposta deste livro é o fato de abordar apenas a massa fresca, "all'uovo", como dizem em italiano; portanto, não é pastasciutta, é pasta all'uovo, com a possibilidade de ser recheada!

Fazer massa fresca em casa é fácil, divertido, econômico e, diria, altamente nutritivo se você controlar bem a escolha dos ingredientes. Na verdade, não existe massa seca sem antes ter sido fresca, a única diferença é a secagem (eliminação da água). Então, quem quiser fazer o famoso macarrão, o processo é o mesmo; e aqui terão ideias de usar o tingimento da massa: se secar, é macarrão colorido; se usar fresco (cozido normalmente), vai ser pasta fresca. E você já é considerado agora um PastaLover!

Um italiano das antigas usa só as mãos, uma faca e um rolo de esticar para misturar os ingredientes e moldar a massa; um pouco mais sofisticado seria utilizar cortadores de tagliarini ou forminhas de ravióli, mas tudo feito a partir da massa aberta na mesa: misture a farinha com os ovos, fazendo uma espécie de monte com a farinha e abrindo um "vulcão" onde deposita os ovos; misture tudo com as mãos e vá sentindo o ponto da massa; se necessitar, jogue um pouquinho de água e estique a massa com o famoso pau de macarrão, aquele antigo rolo de madeira muito usado pelas esposas para "assustar seus maridos" (antigamente, é lógico, em ato extremo!). Depois de esticada, corte a massa com a faca e pronto, pode pôr para cozinhar em água fervendo (antes, salpique farinha seca para não grudar uma massa na outra).

Mas estamos no século XXI e existem essas fantásticas máquinas, como as da Kitchens Aid, que nos ajudam tanto, de forma que misturar, "cilindrar" ou esticar a massa e depois cortar já são possíveis com equipamentos que dão resultados praticamente profissionais; e se você ainda colorir e moldar a massa como estamos propondo, fará em casa uma verdadeira arte de comer! Acredite, é mais fácil de fazer do que parece, e se estamos aqui compartilhando essas ideias é por acreditar exatamente nisso, que é tudo saborosamente fácil de fazer e também para se comer com os olhos!

Claro está que se alguém quiser abrir sua fábrica de massas e molhos, essa é uma ótima e rentável ideia. Eu mesmo estive por muito tempo à frente da Boccatelli, uma fábrica de massas recheadas que fez muito sucesso anos atrás e que se encerrou apenas pela minha opção pessoal de me dedicar aos livros e à Editora Boccato; mas confesso que aqui, revendo minhas antigas receitas e fotos (muitas dessas fotos têm mais de dez anos), fica a enorme vontade de reabrir a Boccatelli e, quem sabe... Enquanto isso, quem quiser falar comigo sobre essas receitas e massas, eu digo que estou aberto a aconselhar, papear e quem sabe cozinhar junto! Adoro dar aulas de fazer massa que sempre acabam em pasta e vinho!

Alguns puristas não gostam de colorir a massa, dizem que a tradição não é essa. E pode ser assim mesmo, porém o que é tradição? Tradição é uma inovação que deu certo, já dizia o historiador Massimo Montanari. Assim, algum dia a massa colorida pode virar "tradição", quem sabe? O fato é que apresentamos neste livro algumas ideias inovadoras, outras nem tanto, mas sobretudo nunca mostradas antes.

Pedimos aos leitores, apaixonados que são pela gastronomia, que a partir de agora, já devidamente PastaLovers, façam com muita alegria (também faremos) tanta massa artesanal, que comer pasta all'uovo colorida se tornará desde já uma tradição!

Este livro ensina, de maneira prática e divertida, as antigas e as novas formas de fazer as chamadas massas frescas e recheadas, tão a gosto dos brasileiros e agora em formatos inusitados e inovadores; incluindo também os sabores dos recheios e molhos!

A verdade é que fazer em casa é muito mais fácil do que parece, e com um pouco mais de investimento pode-se também produzir profissionalmente, tendo um ótimo rendimento!

Fazer massas artesanais gourmet exige o ingrediente principal da gastronomia: alegria de viver! Sim, porque sendo prazeroso e divertido de alguma maneira você vai distribuir boas energias e sabores para os amigos, a família e quem sabe vai também se realizar profissionalmente, trabalhando com um alimento que encanta a todos.

Para encerrar, queria dizer que para mim não existe coisa mais deliciosa na vida que fazer massa fresca em casa com minha netinha Serena Boccato (veja as fotos dela ao final deste livro). Sugiro a todos cozinharem em família.

Buon appetito a tutti!

André Boccato

Sumário

Técnicas Gerais

Preparando a Massa Básica 8
Cortando a Massa 12
Colorindo a Massa 14
Listrando a Massa 18
Juncando a Massa 20
Listrando e Juncando a Massa 22
Recheando a Massa 24

Formatos e Receitas

Sumário das Receitas 27
Fazendo o Tagliarine 28
    Tagliarini Vermelho 30
    Tagliarini com Manjericão 33
    Tagliarini de Cenoura 34
Fazendo o Canelone 36
    Caneloni de Espinafre e Ricota 38
    Caneloni de Muçarela e Tomate Seco 41
Fazendo o Tortelone 42
    Torteloni de Queijo Brie com Aspargos 44
    Torteloni de Catupiri com Manjericão 47
Fazendo o Sfogliate 48
    Sfogliati de Blanquet de Peru e Cottage 50
    Sfogliati de Ricota com Nozes e Passas 53
    Sfogliati de Escarola e Muçarela 54
    Sfogliati de Shimeji com Nozes 57
    Sfogliati de Frango com Cream Cheese 58

Fazendo a Trouxinha **60**
    Trouxinha de Legumes 62
Fazendo a Bala **64**
    Bala de Palmito com Damasco 66
Fazendo o Pizicote **68**
    Pizicoti de Azeitona com Ricota 70
Fazendo o Peixinho **72**
    Peixinho de Salmão Defumado 76
    Peixinho de Atum com Alcaparras 79
Fazendo o Pirulito **80**
    Pirulito de Presunto e Muçarela 82
Fazendo o Cone **84**
    Cone Quatro Queijos 86
    Cone de Queijo Montanhês com Gengibre 89
Fazendo as Massas em Formatos Divertidos . . **90**
    Coração de Camarão com Champignon 92
    Margarida de Presunto di Parma e Alho-poró 95
    Tulipa de Carne 96
    Mezzaluna de Abóbora com Carne-seca 99
    Pinheirinho de Muçarela e Hortelã 100
    Coração de Cream Cheese com Amêndoas 103
    Coração de Queijo Camembert com Pinolis e Salsa 104
    Estrela de Ricota com Gorgonzola e Maçã 107
    Mezzaluna de Funghi com Gruyère 108
    Estrela de Linguiça com Rúcula 111

Preparando
a Massa Básica

A primeira coisa que você tem de saber, se é mesmo um iniciante, é que existem basicamente dois tipos de farinha para pasta fresca: a branca, aquela normal que se compra em qualquer lugar, e a "grano duro", importada e portanto um pouquinho mais difícil de ser encontrada.

A diferença é que a grano duro é feita com o coração do trigo, onde se encontra um material, digamos, mais elástico, e que proporciona uma elasticidade muito necessária à massa que vai ser moldada ou dobrada. Se fosse feita apenas com a farinha branca, mesmo com a adição de ovo a elasticidade não seria suficiente; e, por outro lado, fazer tudo apenas com grano duro (farinha amarela), esta deixa um pouco mais "duro" e é mais caro. Assim, a proporção que eu sugiro é de 2/3 de farinha branca e 1/3 de farinha de grano duro. Mas tem quem faça diferente; e, como tudo na gastronomia, cada um tem seu jeito.

Eu vou sugerir, por exemplo, que para um quilo de farinha (naquela proporção de 2/3 e 1/3), coloque três ovos inteiros (e tem quem também use só as gemas).

A batedeira mistura tudo muito bem, mas o acabamento você terá que fazer com as mãos, hora de sentir se merece e necessita um bocadinho mais de água, caso a mistura esteja farinhenta demais (não dá liga), ou de mais farinha (se estiver muito mole). Estando tudo bem consistente, faça bolinhas no formato de um punho grande, amasse com as mãos, e sobretudo na ponta, regule o cilindro da máquina para a posição mais larga e inicie o processo de cilindrar (esticar a massa); se você está iniciante é bom dar uma boa lida no manual da máquina!

Vá repassando várias vezes e em cada passada aperte o botão regulador que diminui o espaço entre os rolos, assim a massa em cada passagem vai ficando mais fina. Atenção!, a massa estará bem úmida e pode grudar no cilindro ou na sua mão ou na mesa, de forma que salpicar um pouco de farinha seca por cima e por baixo, garante que ela não vai grudar em nada. Isso exige um pouco de prática, mas você pode por exemplo pedir que alguém o ajude, jogando mais farinha branca em cima da sua massa em processo de afinamento (as crianças adoram isso!).

Uma vez tendo sua massa bem fininha (posição número 2 no cilindro da máquina Kitchen Aid), você deve ir fazendo as outras bolinhas (que podem ser guardadas debaixo de um pano úmido para não ressecar) e, atenção, salpique farinha entre as lâminas de massa, guarde superpostas como uma lasanha (aliás, já está quase pronto para lasanhas, basta cortar e cozinhar!).

A partir daqui, essas faixas de massas já esticadas (que podem ter cada uma entre 60 e 70 centímetros de comprimento, sugiro não mais que isso) vão ser a base para fazer o fácil spaguetti, ou o mais larguinho taglarini, ou fettuccine, até as massas mais trabalhadas com recheios e formatos, alguns inéditos, como os que você verá a seguir, mas tudo, absolutamente tudo, começa aqui na preparação da massa básica, que poderá receber nesse momento inicial algum corante e assim ficar mais bonita, agradando os olhos (o sabor, de fato, em nada será alterado).

1 – separe todos os ingredientes antes de começar a preparar a massa: 670 g de farinha de trigo branca, 330 g de farinha de grano duro, 3 ovos e água

2 – comece colocando a farinha de trigo branca dentro da tigela da batedeira

3 – em seguida, despeje também a farinha de grano duro

4 – ligue a batedeira, utilizando o acessório gancho para misturar bem as farinhas

5 – adicione os ovos, um a um

6 – continue batendo até formar uma farofa fina

7 – vá adicionando água na farofa formada, aos poucos, batendo sempre

8 – quando a massa começar a se unir, pare de colocar água e desligue a batedeira

9 – passe a massa para uma tigela

10 – ajuste o cilindro deixando o espaço entre os rolos o maior possível

11 – pegue uma pequena quantidade de massa, aperte nas mãos para unir os pedaços, achate-a e passe pelo cilindro

12 – continue passando a massa pelo cilindro até que ela fique uniforme, sem modificar a distância dos rolos

13 – diminua um pouco a distância entre os rolos do cilindro e continue passando a massa

14 – vá diminuindo gradativamente a distância entre os rolos do cilindro, afinando a massa cada vez mais

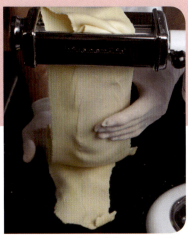

15 – se a massa furar, dobre-a ao meio e passe-a novamente no cilindro, utilizando o mesmo ajuste da máquina em que a massa foi passada da última vez

16 – quando a massa ficar comprida, segure, com as mãos, a parte de baixo, no momento em que estiver passando pelo cilindro, para que caia corretamente na mesa

17 – se as laterais da massa estiverem quebradiças, corte-as para que fiquem retas

18 – passe a massa no cilindro, ajustando-o até que ela fique com a espessura desejada

Cortando *a Massa*

1 – coloque o cortador de spaguetti na máquina e passe a massa já aberta na espessura desejada

2 – segure a massa na parte de baixo para que ela não grude

3 – o spaguetti também pode ser feito com a massa colorida

4 – a massa pode ser colorida de acordo com o gosto e a criatividade, seguindo os passos do capítulo "Colorindo a Massa"

5 – coloque o cortador de tagliarini na máquina e passe a massa já aberta na espessura desejada

6 – o tagliarini também pode ser feito com a massa colorida

Colorindo
a Massa

    Muito bem, você já treinou bastante fazendo apenas a massa lisa, sem corantes, e já sabe esticar bem e já sabe moldar, etc. Então vamos sofisticar colorindo a massa, processo que é simples, mas exige um certo treino.

    Basicamente prepare tudo como nas instruções da página anterior (preparando a massa), mas não chegue a cilindrar, pegue um pouquinho de massa e faça uma mistura com o corante a ser usado, esse é um concentrado; volte a misturar esse concentrado com todo o restante da massa, misturando na mão ou na máquina até uma boa homogeneização; só aí você fará o mesmo processo de cilindrar. E, quando tiver passado pelos cilindros umas quatro a seis vezes, a cor já estará apurada e esticada.

    A questão principal é: qual corante escolher?

    O básico e mais comum é beterraba em pó para os vermelhos e espinafre em pó para os verdes. Esses corantes naturais são lindos até o momento de cozinhar a massa, pois esmaecem com a água fervendo, mas são interessantes para cores bem suaves, além de serem absolutamente naturais.

    No mercado existem inúmeras marcas de corantes alimentícios, todos líquidos bem concentrados e que misturados, como indiquei acima, produzem excelentes resultados e bem seguros, pois são os mesmos utilizados para fazer doces, balas e confeitos.

1 – pegue uma porção da massa antes de passá-la pelo cilindro

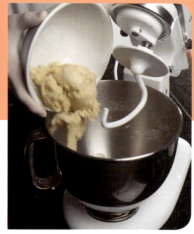

2 – despeje-a na tigela na batedeira e utilize o acessório gancho

3 – coloque o corante dentro da tigela com a massa

4 – ligue a batedeira para misturar a massa ao corante

5 – repare que a massa fica mesclada e não com a cor homogênea

6 – pegue porções da massa e faça o mesmo processo de "Preparando a Massa" para começar a abri-la

7 – quanto mais a massa passar pelo cilindro, sempre dobrando-a ao meio a cada passada, melhor ficará a homogeneização da cor

8 – continue passando a massa, diminuindo a distância entre os rolos, e corte as laterais que estiverem quebradiças

9 – finalize a massa, deixando-a na espessura desejada

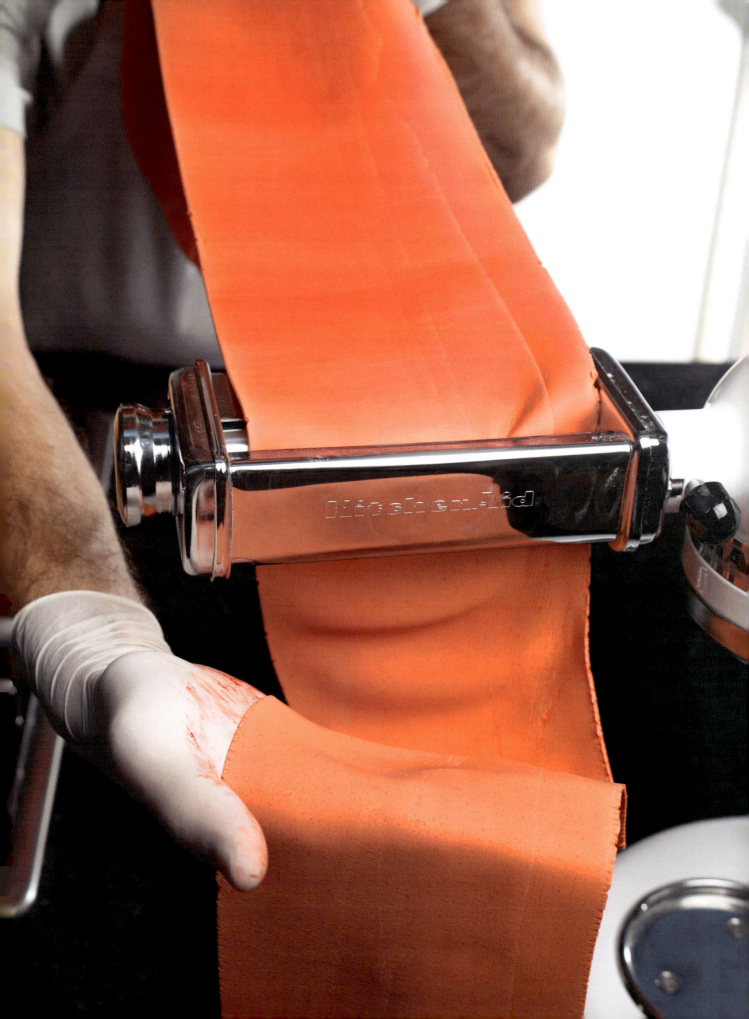

Listrando a Massa

1 – corte tiras de massa colorida no cortador de tagliarini

2 – corte outra cor de massa também no cortador de tagliarini

3 – polvilhe farinha de trigo nas tiras de massa colorida para que elas não grudem umas nas outras

4 – borrife água na massa de base para colar as tiras coloridas

5 – vá colocando as tiras de massa colorida sobre a massa de base

6 – intercale as cores, deixando um pequeno espaço entre as tiras

7 – passe o rolo de massa sobre as tiras para aderi-las bem à massa de base

8 – passe a massa de base pelo cilindro, mantendo o mesmo ajuste da máquina em que ela foi passada anteriormente

9 – a massa está pronta para ser utilizada

19

Juncando
a Massa

1 – corte uma massa colorida no cortador de spaguetti

2 – com uma faca, corte os spaguetti em tamanhos menores e polvilhe a farinha para não grudar

3 – coloque os pedaços de spaguetti novamente no cortador de spaguetti, só que dessa vez na transversal, para que corte pedaços de massa bem pequenos

4 – pegue uma massa já aberta e umedeça-a com um borrifador de água

5 – vá espalhando os pedaços pequenos de spaguetti cortado sobre a massa umedecida

6 – quanto mais pedaços de massa colorida for colocada sobre a massa branca, melhor será o resultado

7 – com cuidado, passe um rolo de abrir massas sobre os pedaços para aderi-los bem à massa de base

8 – pegue a massa de base e passe-a pelo cilindro, mantendo o mesmo ajuste da máquina em que a massa de base foi passada da última vez, antes de ser juncada. Repita a operação até os pedaços coloridos se incorporarem à massa de base

Listrando e Juncando
a Massa

1 – para fazer a massa listrada e juncada ao mesmo tempo, borrife água em uma massa aberta

2 – vá colocando as tiras de massa colorida, no sentido do comprimento, sobre a massa de base

3 – sempre deixe espaço entre as tiras para formar o listrado

4 – borrife água na massa já com as tiras para, agora, fazer o juncado

5 – espalhe os pedaços de massa colorida sobre a massa com as tiras

6 – quanto mais pedaços de massa colorida for colocado sobre a massa com as tiras, melhor será o resultado

7 – os pedaços de massa colorida podem cair sobre as tiras coloridas, mas não tem problema. Eles se unirão quando passarem no cilindro

8 – com cuidado, passe o rolo de massas sobre os pedaços e as tiras para aderi-los bem à massa de base

9 – passe a massa de base pelo cilindro, mantendo o mesmo ajuste da máquina em que a massa de base foi passada da última vez, antes de ser listrada e juncada

23

Recheando
a Massa

1 – coloque uma massa de base sobre a bancada polvilhada com farinha de trigo

2 – escolha um modelo de cortador e marque toda a massa, apertando-o delicadamente sobre ela, para calcular os espaços onde serão colocados os recheios

3 – coloque o recheio em um saco de confeitar e distribua pequenas porções do recheio no centro das marcas feitas com o cortador

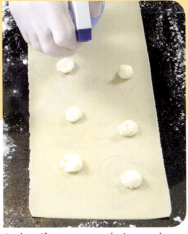
4 – borrife um pouco de água sobre a massa com o recheio

5 – pegue uma massa aberta já decorada e coloque por cima da outra com o recheio

6 – com os dedos, vá grudando as partes da massa ao redor do recheio para que ela não abra quando for cortada

7 – com o mesmo cortador usado para marcar a massa no início do processo, corte a massa, tomando cuidado para deixar o recheio sempre no centro

8 – tome cuidado também para não cortar algum pedaço da massa já cortada anteriormente, evitando deformá-la

9 – retire a massa cortada e aperte, delicadamente, com os dedos as bordas, para selar bem e não deixar o recheio vazar durante o cozimento

25

Receitas de Molhos, Recheios e Pestos

Sumário das Receitas

Tagliarini Vermelho. 30
Tagliarini com Manjericão 33
Tagliarini de Cenoura. 34
Caneloni de Espinafre e Ricota 38
Caneloni de Muçarela e Tomate Seco 41
Torteloni de Queijo Brie com Aspargos. 44
Torteloni de Catupiri com Manjericão 47
Sfogliati de Blanquet de Peru e Cottage 50
Sfogliati de Ricota com Nozes e Passas. 53
Sfogliati de Escarola e Muçarela. 54
Sfogliati de Shimeji com Nozes 57
Sfogliati de Frango com Cream Cheese 58
Trouxinha de Legumes. 62
Bala de Palmito com Damasco 66
Pizicoti de Azeitona com Ricota. 70
Peixinho de Salmão Defumado 76
Peixinho de Atum com Alcaparras .79
Pirulito de Presunto e Muçarela 82
Cone Quatro Queijos. 86
Cone de Queijo Montanhês com Gengibre 89
Coração de Camarão com Champignon 92
Margarida de Presunto di Parma e Alho-poró 95
Tulipa de Carne 96
Mezzaluna de Abóbora com Carne-seca 99
Pinheirinho de Muçarela e Hortelã 100
Coração de Cream Cheese com Amêndoas 103
Coração de Queijo Camembert com Pinolis e Salsa 104
Estrela de Ricota com Gorgonzola e Maçã 107
Mezzaluna de Funghi com Gruyère 108
Estrela de Linguiça com Rúcula 111

Fazendo o Tagliarine

Minhas primeiras lembranças culinárias são de minha mãe fazendo tagliarini ao alho e óleo, eu adorava aquela massinha meio amarelada (sem molho vermelho) e não queria saber mais de nada.

Cortada em tiras, ou talhada em tiras, um italiano já nasce comendo "tagliarini" – no plural – que é o nome correto da massa, que se confunde ou pode ser chamado de tagliatelle ou fettuccine (mesma coisa na minha opinião mas no singular), e se cortada (talhada) mais larga vira pappardelle e quando mais estreita vira linguine (ou spaguetti). Enfim, a partir da massa esticada no rolo cilindro você pode cortar, no aparelho da Kitchen Aid que usamos nesse livro, em dois formatos padronizados: o popular spaguetti ou tagliarini ou cortar com a mão e fazer um corte que os italianos chamam de maltagliatti (meio mal cortados artesanalmente).

Tagliarini Vermelho

Sugestão de Molho

Molho Basílico

8 tomates italianos maduros
3 colheres (sopa) de azeite
3 dentes de alho inteiros e descascados
1/2 xícara (chá) de folhas de manjericão
sal e pimenta-do-reino a gosto

Com uma faca, faça um X na parte de baixo dos tomates e coloque-os em uma panela com água quente por 1 minuto, para soltar a pele. Depois passe os tomates para uma vasilha com água e gelo, para dar o choque térmico. Com a ajuda de uma faca retire toda a pele do tomate e pique-os em pedaços irregulares. Em uma panela, aqueça o azeite e frite o alho. Adicione os tomates, as folhas de manjericão, o sal e a pimenta-do-reino. Deixe o molho apurar por 50 minutos, em fogo baixo, ou até formar um molho espesso e com pedaços.

Rendimento: 5 porções
Tempo de Preparo: 1 hora e 30 minutos

Pesto de Dendê

Bata no liquidificador meia xícara (chá) de azeite de dendê, meia xícara (chá) de azeite de oliva, um dente de alho, meia xícara (chá) de camarão sem casca cozido, uma pimenta de cheiro e sal a gosto.

Tagliarini com Manjericão

Sugestão de Molho

Molho de Framboesa

1 e 1/2 xícara (chá) de leite
1 colher (sopa) de amido de milho
1 colher (sopa) de geleia de framboesa
1 colher (sopa) de suco de limão-siciliano
1/4 de xícara (chá) de vinho do porto
1 colher (sopa) de salsa picada
sal e pimenta chilli

Em uma panela, coloque o leite e dissolva o amido de milho. Misture a geleia e leve ao fogo, mexendo sempre, até engrossar. Junte o suco de limão, o vinho do porto, a salsa, sal e pimenta chilli.

Rendimento: 4 porções
Tempo de Preparo: 20 minutos

Pesto de Pimenta

Bata no liquidificador meia xícara (chá) de pimenta dedo-de-moça sem sementes, duas colheres (sopa) de folhas de coentro, uma colher (chá) de gengibre ralado, quatro colheres (sopa) de salsa, uma colher (sopa) de castanha-de-caju, meia colher (chá) de alho picado, 3/4 de xícara (chá) de azeite, uma colher (chá) de raspas de casca de limão, uma colher (sopa) de mel e sal a gosto, até ficar homogêneo.

Tagliarini de Cenoura

Sugestão de Molho

Molho de Uvas-Passas

1/2 xícara (chá) de uvas-passas claras
1 xícara (chá) de suco de laranja
1/2 colher (chá) de pimenta-da-jamaica em pó
3 colheres (sopa) de vinagre de vinho tinto
1 colher (chá) de açúcar mascavo
sal e noz-moscada a gosto

Em uma panela, coloque as uvas-passas, o suco de laranja e deixe hidratar por 1 hora. Junte a pimenta-da-jamaica, o vinagre, o açúcar mascavo, sal e noz-moscada. Leve ao fogo e deixe ferver por 2 minutos. Bata tudo no liquidificador e prove o sal. Volte para a panela e deixe reduzir um pouco.

Rendimento: 4 porções
Tempo de Preparo: 20 minutos

Pesto Clássico

Bata no liquidificador duas xícaras (chá) de manjericão, uma xícara (chá) de azeite, uma colher (sopa) de pinolis, meio dente de alho, uma colher (sopa) de parmesão ralado e sal a gosto.

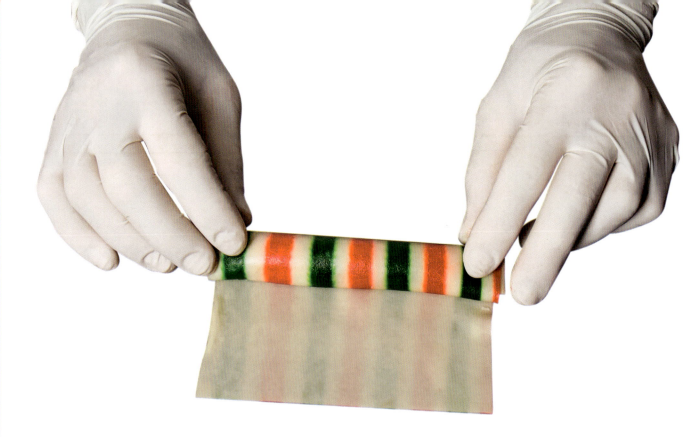

Fazendo
o Canelone

Antes de iniciar o passo 3 da produção do Canelone, a massa cortada deve ser cozida em uma panela com bastante água fervente e sal, por 2 minutos. Escorra a massa e coloque-a sobre uma bancada untada com óleo, com o lado decorado virado para baixo. Feito isso, continue seguindo o preparo a partir do passo 3, até finalizar o Canelone.

1 – marque a massa já listrada, medindo com a régua, pedaços de 15 cm

2 – corte os pedaços da massa nos locais marcados

3 – com o auxílio de um saco de confeitar, coloque uma porção do recheio próximo à borda da massa

4 – dobre a borda da massa sobre o recheio

5 – enrole a massa, sem apertar muito, para que o recheio não escape pelas laterais

6 – a massa cozida tem uma cola natural que grudará a borda da massa no rolinho, fechando-o

7 – repita o mesmo procedimento com todos os pedaços de massa

8 – corte as pontas dos rolinhos para eliminar o excesso de massa

9 – faça esse procedimento dos dois lados dos canelonis

Caneloni de Espinafre e Ricota

Recheio

1 colher (sopa) de manteiga
2 colheres (sopa) de cebola picada
1 xícara (chá) de espinafre cozido no vapor e espremido
200 g de ricota
1/2 xícara (chá) de requeijão
sal a gosto

Derreta a manteiga e frite a cebola até murchar. Junte o espinafre e refogue por 1 minuto. Desligue e deixe esfriar. Passe o espinafre pelo processador de alimentos junto com a ricota, o requeijão e o sal até formar uma pasta homogênea.

Sugestão de Molho

Fonduta de Grana Padano

1 xícara (chá) de creme de leite fresco
1 xícara (chá) de queijo grana padano ralado
2 colheres (sopa) de ciboullete picada
pimenta-do-reino a gosto

Coloque o creme de leite em uma panela e ferva por 5 minutos. Adicione o grana padano e mexa bem até derreter. Deixe ferver mais 2 minutos. Junte a ciboullete e a pimenta.

Rendimento: 4 porções
Tempo de Preparo: 20 minutos

Pesto de Hortelã

Bata no liquidificador uma xícara (chá) de folhas de hortelã, uma colher (sopa) de pinolis levemente torrados, meia xícara (chá) de azeite e sal a gosto, até ficar homogêneo.

Caneloni de Muçarela e Tomate Seco

Recheio

450 g de muçarela
1/2 xícara (chá) de tomates secos escorridos
1 xícara (chá) de requeijão

Passe todos os ingredientes pelo processador de alimentos até formar uma pasta homogênea.

Sugestão de Molho

Molho de Alho-poró

3 colheres (sopa) de azeite
1 talo de alho-poró bem picado
2 folhas de louro
1 ramo de tomilho
2 xícaras (chá) de polpa de tomate
2 colheres (sopa) de conhaque
1/2 colher (chá) de coentro em pó
sal e pimenta-do-reino branca a gosto

Aqueça o azeite e frite o alho-poró, as folhas de louro e o ramo de tomilho. Junte a polpa de tomate, o conhaque, o coentro, sal e pimenta. Deixe ferver e desligue.

Rendimento: 4 porções
Tempo de Preparo: 20 minutos

Pesto de Rúcula

Bata no liquidificador duas xícaras (chá) de rúcula, uma xícara (chá) de azeite, um dente de alho, 1/4 de xícara (chá) de vinho branco seco, cinco macadâmias e pimenta-do-reino e sal a gosto.

Fazendo
o Tortelone

1 – coloque uma massa decorada sobre uma bancada polvilhada com farinha de trigo e utilize uma régua para medir partes de 12 cm

2 – com uma faca, marque a massa onde ela deverá ser cortada posteriormente

3 – corte a massa exatamente sobre as marcas feitas e acerte as laterais para formar quadrados

4 – no centro de cada quadrado de massa, coloque uma porção de recheio e dobre a massa ao meio, formando um triângulo

5 – aperte bem as bordas da massa para selá-la. Pegue o triângulo formado e aperte as duas pontas laterais

6 – movimente as duas pontas laterais para baixo, o que fará com que a ponta de cima curve-se para a frente

7 – grude as duas pontas que foram dobradas para baixo, dando formato ao tortelone

43

Torteloni de Queijo Brie com Aspargos

Recheio

300 g de queijo brie
1/2 xícara (chá) de requeijão
sal a gosto
1/2 xícara (chá) de aspargos verdes cozidos

Amasse o queijo com um garfo, misture o requeijão e o sal. Pique os aspargos em pedaços bem pequenos e misture ao creme de queijos.

Sugestão de Molho

Molho Branco

1 cebola inteira descascada
1 folha de louro
3 cravos-da-índia
500 ml de leite
1 colher (sopa) de manteiga
1 dente de alho picado
1 colher (sopa) de farinha de trigo
1/2 colher (chá) de noz-moscada
sal e pimenta-do-reino a gosto

Com uma faca, faça um corte na cebola sem parti-la e coloque a folha de louro. Espete os cravos e coloque dentro do leite. Leve ao fogo para aquecer sem ferver. Em outra panela, derreta a manteiga, frite o alho, junte a farinha de trigo e mexa bem. Adicione o leite sem a cebola e mexa até engrossar ligeiramente. Tempere com a noz-moscada, o sal e a pimenta-do-reino. Sirva sobre a massa cozida.

Rendimento: 5 porções
Tempo de Preparo: 25 minutos

Pesto de Frutas Vermelhas

Bata no liquidificador meia xícara (chá) de morangos, meia xícara (chá) de framboesas, duas colheres (sopa) de aceto balsâmico, uma colher (chá) de gergelim, duas colheres (sopa) de ricota, uma xícara (chá) de azeite e sal a gosto, até ficar homogêneo.

Torteloni de Catupiri com Manjericão

Recheio

500 g de catupiri
2 colheres (sopa) de manjericão fresco picado

Misture bem os ingredientes.

Sugestão de Molho

Molho de Açafrão Cremoso

2 colheres (sopa) de azeite
1 dente de alho sem casca inteiro
1 gema cozida ralada
suco de 1 limão-siciliano
3 pistilos de açafrão italiano
1 xícara (chá) de creme de leite fresco
1 colher (sopa) de tomilho-limão
sal a gosto

Aqueça o azeite em uma panela e frite o alho. Junte a gema, o suco de limão, os pistilos de açafrão e o creme de leite. Ferva por 2 minutos e desligue. Passe para um liquidificador e bata bem. Volte para a panela e tempere com o tomilho e o sal. Sirva sobre a massa.

Rendimento: 6 porções
Tempo de Preparo: 30 minutos

Pesto de Abacate

Bata no liquidificador uma xícara (chá) de polpa de abacate, uma colher (sopa) de mostarda de Dijon, o suco de meio limão, uma colher (sopa) de nozes, duas colheres (sopa) de gorgonzola, meia xícara (chá) de azeite e sal a gosto, até ficar homogêneo.

Fazendo
o *Sfogliate*

Antes de iniciar a montagem do sfogliate, a massa decorada deve ser cortada em quadrados de 10 cm. Depois de cortada a massa, coloque os quadrados para cozinhar em uma panela com bastante água fervente e sal por 2 minutos. Escorra e coloque os quadrados de massa, com a parte decorada virada para baixo, sobre uma bancada untada com óleo. A partir daí, siga os passos seguintes para fazer o sfogliate.

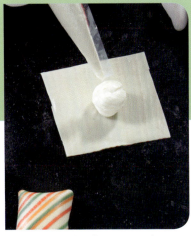

1 – com o auxílio de um saco de confeitar, coloque uma porção de recheio no centro do quadrado de massa cozida

2 – dobre uma das pontas da massa sobre o recheio

3 – dobre a ponta do lado oposto sobre a primeira ponta dobrada

4 – dobre a terceira ponta sobre as outras duas já dobradas

5 – para finalizar, dobre a quarta ponta sobre as outras três

6 – a massa cozida tem uma cola natural, portanto as pontas grudam facilmente, desde que a massa não esteja muito ressecada devido a um grande tempo de exposição sobre a bancada

Sfogliati de Blanquet de Peru e Cottage

Recheio

300 g de blanquet de peru
1 xícara (chá) de queijo tipo cottage
1/4 de xícara (chá) de requeijão

Passe todos os ingredientes pelo processador de alimentos até formar uma pasta homogênea.

Sugestão de Molho

Molho de Alcachofra

2 colheres (sopa) de azeite
1/2 cebola picada
1 dente de alho picado
4 buquês de salsa crespa
4 fundos de alcachofra picados
1 caixa de creme de leite light (200 g)
sal a gosto

Aqueça o azeite, em uma panela, frite a cebola, o alho e a salsa até murcharem. Junte as alcachofras e frite por cinco minutos. Passe para o liquidificador e bata bem. Volte à panela e acrescente o creme de leite. Acerte o sal.

Rendimento: 4 porções
Tempo de Preparo: 20 minutos

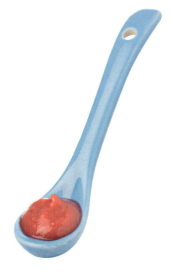

Pesto de Beterraba

Bata no liquidificador uma xícara (chá) de beterraba cozida, meia colher (chá) de alho picado, duas colheres (sopa) de queijo de cabra, uma colher (sopa) de pistache, uma colher (chá) de raspas de casca de laranja, quatro colheres (sopa) de dill, meia xícara (chá) de azeite e sal a gosto, até ficar homogêneo.

Sfogliati de Ricota com Nozes e Passas

Recheio

300 g de ricota
1/2 xícara (chá) de nozes
1/2 xícara (chá) de requeijão
3/4 de xícara (chá) de uvas-passas brancas
sal a gosto

Passe todos os ingredientes pelo processador de alimentos até formar uma pasta homogênea.

Sugestão de Molho

Molho de Aspargos Verdes

5 aspargos verdes frescos
1 envelope de caldo de legumes em pó
1 e 1/2 xícara (chá) de leite
1 colher (sopa) de amido de milho
2 colheres (sopa) de ciboullete picada
1/2 caixinha de creme de soja
sal a gosto

Corte os aspargos em pedaços e coloque em uma panela junto com o caldo de legumes e o leite. Cozinhe até que estejam macios. Passe para o liquidificador e bata. Volte à panela e misture o amido dissolvido em três colheres (sopa) de água. Mexa até engrossar ligeiramente. Adicione a ciboullete, o creme de soja e o sal.

Rendimento: 4 porções
Tempo de Preparo: 30 minutos

Pesto de Tomate Seco

Bata no liquidificador uma xícara (chá) de tomate seco, duas colheres (sopa) de folhas de manjericão, duas colheres (sopa) de orégano fresco, duas colheres (sopa) de salsa, uma colher (sopa) de pinolis levemente torrados, meia colher (chá) de alho picado, uma xícara (chá) de azeite e sal a gosto, até ficar homogêneo.

Sfogliati de Escarola e Muçarela

Recheio

1 colher (sopa) de manteiga
1 colher (sopa) de cebola picada
300 g de escarola crua picada
sal a gosto
1/2 xícara (chá) de nozes
300 g de muçarela
2 colheres (sopa) de requeijão

Modo de Preparo
Em uma panela derreta a manteiga e refogue a cebola e a escarola. Tempere com sal e desligue. Deixe esfriar e passe a escarola refogada com o restante dos ingredientes pelo processador de alimentos até formar uma pasta homogênea.

Sugestão de Molho

Molho de Azeitonas

3/4 de xícara (chá) de azeitonas verdes sem caroço
1 e 1/2 xícara (chá) de leite
1/2 xícara (chá) de cream cheese
1/4 de xícara (chá) de vinho branco seco
1 colher (sopa) de farinha de trigo
2 colheres (sopa) de azeite
1/2 cebola picada
1/2 colher (sopa) de sálvia fresca picada
1/2 xícara (chá) de azeitonas pretas picadas

Bata no liquidificador as azeitonas verdes, o leite, o cream cheese, o vinho branco e a farinha de trigo. Reserve. Em uma panela, aqueça o azeite e frite a cebola e a sálvia, adicione o creme de azeitonas e mexa sem parar até engrossar. Acrescente as azeitonas pretas.

Rendimento: 5 porções
Tempo de Preparo: 20 minutos

Pesto de Cebola Caramelada

Refogue três cebolas cortadas em rodelas com um pouco do azeite até ficarem douradas. Transfira para o liquidificador e bata junto com uma colher (sopa) de farinha de rosca, duas colheres (chá) de pimenta fresca, uma colher (sopa) de nozes, uma colher (chá) de raspas de casca de limão, uma xícara (chá) de azeite e sal a gosto, até ficar homogêneo.

Sfogliati de Shimeji com Nozes

Recheio

2 colheres (sopa) de azeite
1/2 cebola picada
200 g de shimeji triturado
1/2 xícara (chá) de salsa picada
1/2 xícara (chá) de cebolinha fatiada
sal e pimenta-do-reino branca a gosto
1/2 xícara (chá) de nozes picadas
1 e 1/2 xícara (chá) de ricota amassada
1/2 xícara (chá) de requeijão

Em uma panela, aqueça o azeite e frite a cebola. Junte o shimeji e refogue até murchar. Adicione a salsa, a cebolinha, o sal e a pimenta-do-reino branca. Passe para uma tigela e misture as nozes, a ricota e o requeijão.

Sugestão de Molho

Molho de Brócolis

1/2 cabeça de brócolis cortada em buquês
400 ml de leite
1/2 envelope de caldo de legumes em pó
2 colheres (sopa) de cebola picada
1/2 colher (chá) de noz-moscada
sal e pimenta-do-reino a gosto
1 colher (sopa) de azeite
2 dentes de alho fatiados
1/2 xícara (chá) de creme de leite

Coloque o brócolis em uma panela e despeje o leite, o caldo de legumes, a cebola, a noz-moscada, sal e pimenta-do-reino. Ferva até o brócolis ficar macio. Coloque em um processador e bata. Em uma panela aqueça o azeite e frite o alho, despeje o creme de brócolis e junte o creme de leite.

Rendimento: 4 porções
Tempo de Preparo: 35 minutos

Pesto de Azeitonas Pretas

Bata no liquidificador 200 g de azeitonas pretas sem caroço, um dente de alho pequeno, dez nozes, uma colher (chá) de sementes de erva-doce, meia colher (chá) de pimenta calabresa, três colheres (sopa) de queijo parmesão ralado e 3/4 de xícara (chá) de azeite, até ficar homogêneo.

Sfogliati de Frango com Cream Cheese

Recheio

1 xícara (chá) de peito de frango cozido e desfiado
1 xícara (chá) de cream cheese
1/2 xícara (chá) de leite
sal e pimenta-do-reino a gosto
2 colheres (sopa) de salsa
2 colheres (chá) de páprica doce

Passe todos os ingredientes pelo processador de alimentos até formar uma pasta homogênea.

Sugestão de Molho

Molho de Cebola

4 colheres (sopa) de manteiga
3 cebolas picadas
2 colheres (sopa) de bulbo de erva-doce picado
1 xícara (chá) de vinho branco suave
2 colheres (sopa) de vinagre de vinho tinto
1 envelope de caldo de carne em pó
1 colher (sopa) de salsa desidratada
1 colher (sopa) de mostarda de Dijon

Em uma panela, derreta a manteiga e frite a cebola e a erva-doce até ficarem dourados. Adicione o vinho, o vinagre, o caldo de carne, a salsa, a mostarda e meia xícara (chá) de água. Bata tudo no liquidificador e volte para a panela para reduzir um pouco. Quando estiver cremoso, desligue.

Rendimento: 4 porções
Tempo de Preparo: 35 minutos

Pesto de Alcaparras

Bata no liquidificador uma xícara (chá) de alcaparras, uma xícara (chá) de azeite, vinte folhas de hortelã, dois ramos de salsa, uma colher (sopa) de melado, 1/4 de xícara (chá) de vinagre branco e sal a gosto.

Fazendo *a Trouxinha*

Antes de iniciar a montagem da trouxinha, a massa decorada deve ser cortada em quadrados de 10 cm. Depois de cortada a massa, coloque os quadrados para cozinhar em uma panela com bastante água fervente e sal por 2 minutos. Escorra e coloque os quadrados de massa, com a parte decorada virada para baixo, sobre uma bancada untada com óleo. A partir daí, siga os passos seguintes para fazer a trouxinha.

1 – coloque uma porção de recheio no centro da massa cozida e una duas pontas opostas da massa

2 – una uma terceira ponta do quadrado às duas primeiras

3 – una a última ponta do quadrado às outras três pontas

4 – junte todas as bordas da massa para formar uma trouxinha

5 – coloque tiras de cebolinha verde em uma tigela com água quente para amolecê-las e utilize-as para envolver as trouxinhas

6 – amarre a cebolinha na trouxinha, com cuidado para não arrebentar a cebolinha na hora de fazer o nó

7 – corte as sobras da cebolinha, não muito rente ao nó, para não desfazê-lo

61

Trouxinha de Legumes

Recheio

2 colheres (sopa) de azeite
1/2 cebola média picada
1 abobrinha brasileira ralada fino
1/2 pimentão vermelho bem picado
sal e pimenta-do-reino a gosto
1 berinjela pequena descascada, picada e cozida no vapor

Aqueça o azeite e refogue a cebola, a abobrinha, o pimentão, sal e pimenta-do-reino, até a abobrinha ficar macia. Deixe esfriar e reserve. Esprema a berinjela cozida para retirar o excesso de água e passe-a pelo processador de alimentos até formar uma pasta homogênea. Misture ao refogado de abobrinha.

Sugestão de Molho

Molho com Cenoura

1 colher (sopa) de manteiga
1/2 cebola picada
1 cenoura grande ralada
1/2 colher (chá) de gengibre ralado
1/4 de xícara (chá) de saquê
1 colher (sopa) de shoyu
2 colheres (sopa) de coentro fresco picado

Derreta a manteiga e frite a cebola. Junte a cenoura e o gengibre e frite por mais 2 minutos. Adicione o saquê, o shoyu, o coentro e uma xícara (chá) de água. Deixe ferver por 3 minutos e bata no liquidificador. Volte para a panela e deixe ferver novamente.

Rendimento: 4 porções
Tempo de Preparo: 15 minutos

Pesto de Cogumelo Porcini

Bata no liquidificador uma xícara (chá) de cogumelos porcini hidratados, uma xícara (chá) de azeite trufado, um dente de alho, dez avelãs, uma colher (sopa) de tomilho, duas colheres (sopa) de queijo pecorino e pimenta-do-reino e sal a gosto.

Fazendo *a Bala*

1 – para preparar a bala, separe uma massa de base, tiras de massa colorida cortadas no cortador de tagliarini (2 cores) e tiras de massa colorida cortadas no cortador de spaguetti (1 cor)

2 – com o auxílio de uma régua, marque o centro da massa

3 – borrife água sobre a massa de base para colocar as tiras de massa

4 – coloque um tagliarine no centro da massa, sobre a marca feita anteriormente

5 – nos dois lados da tira central, coloque um spaguetti, encostada na tira central

6 – novamente, coloque um tagliarine ao lado do spaguetti, modificando a cor para dar contraste

7 – faça o mesmo procedimento do outro lado e passe o rolo de massa levemente sobre as tiras para aderi--las à massa de base

8 – passe a massa pelo cilindro, mantendo o mesmo ajuste da máquina em que a massa de base foi passada da última vez, antes de ser decorada

9 – com o auxílio da régua, corte pedaços de massa de 10 cm cada

10 – vire os pedaços de massa do lado sem decoração, distribua o recheio no centro dela e enrole

11 – aperte as duas bordas laterais para dar formato à bala

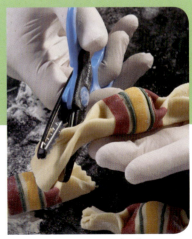
12 – com uma tesoura de picotar, corte a massa excedente das laterais, aproveitando para decorar as balas

Bala de Palmito com Damasco

Recheio

2 colheres (sopa) de azeite
2 dentes de alho amassados
1 vidro de palmito triturado
1 colher (sopa) de farinha de trigo
1 xícara (chá) de leite
sal e noz-moscada a gosto
1/2 xícara (chá) de damasco triturado

Em uma panela, aqueça o azeite e frite o alho. Junte o palmito e refogue por 1 minuto. Polvilhe a farinha de trigo e adicione o leite, mexendo sempre até engrossar. Tempere com sal e noz-moscada e deixe esfriar. Misture o palmito com o damasco.

Sugestão de Molho

Molho Holandês

6 gemas
suco de 1/2 limão
2 colheres (sopa) de manteiga
1 colher (sopa) de leite em pó
1 xícara (chá) de creme de leite fresco
sal e pimenta-do-reino branca a gosto

Coloque as gemas, o suco de limão, a manteiga, o leite em pó e o creme de leite em uma tigela. Leve ao banho-maria e cozinhe, mexendo sempre, até que a mistura fique cremosa. Tempere com sal e pimenta-do-reino branca.

Rendimento: 3 porções
Tempo de Preparo: 30 minutos

Pesto de Missô

Bata no liquidificador meia xícara (chá) de missô (pasta), uma xícara (chá) de azeite, um dente de alho, duas colheres (sopa) de gergelim preto e duas colheres (sopa) de suco de limão-siciliano.

Fazendo
o Pizicote

1 – para preparar o pizicote, pegue uma massa de base aberta

2 – marque toda a massa com um cortador redondo e coloque o recheio no centro de cada círculo marcado

3 – borrife água na massa já com o recheio e cubra com a outra massa aberta já colorida; com os dedos, vá grudando as partes da massa ao redor do recheio

4 – com o cortador redondo, corte as massas, tomando cuidado para deixar o recheio sempre no centro

5 – pegue as massas cortadas, aperte bem as bordas com o dedo e pincele a parte de baixo com água

6 – dobre a massa ao meio, deixando o lado colorido para o lado de fora

7 – com os dedos, aperte somente a parte de cima da massa dobrada para colá-la

8 – o pizicote fica com esse formato depois de pronto

69

Pizicoti de Azeitona com Ricota

Recheio

1 xícara (chá) de ricota
3/4 de xícara (chá) de azeitonas pretas sem caroço
1 dente de alho picado
4 castanhas-do-pará
2 colheres (sopa) de requeijão
sal e pimenta-do-reino a gosto

Passe todos os ingredientes pelo processador de alimentos até formar uma pasta homogênea.

Sugestão de Molho

Molho Kani

2 colheres (sopa) de azeite
1/2 cebola picada
1 xícara (chá) de kani-kama desfiado
1/2 garrafa de creme de leite fresco (250 ml)
2 colheres (sopa) de cream cheese
1 colher (sopa) de queijo roquefort
2 colheres (sopa) de molho de gergelim com pimenta
1 colher (sopa) de salsa crespa picada
sal a gosto

Aqueça o azeite e frite a cebola e o kani. Junte o creme de leite, o cream cheese, o roquefort e o molho de gergelim com pimenta. Polvilhe a salsa crespa e acerte o sal. Sirva sobre a massa.

Rendimento: 4 porções
Tempo de Preparo: 20 minutos

Pesto de Pão

Bata no liquidificador uma xícara (chá) de pão francês, uma xícara e 1/4 (chá) de azeite aromatizado com limão, suco de meio limão, cinco amêndoas torradas, 1/4 de xícara (chá) de vinagre de vinho tinto, três colheres (sopa) de folhas de coentro e pimenta-do-reino branca e sal a gosto.

Fazendo
o Peixinho

Antes de iniciar o passo 10 da produção do Peixinho, a massa listrada e os rabinhos dos peixinhos devem ser cozidos em uma panela com bastante água fervente e sal, por 2 minutos. Escorra as massas e coloque-as em uma bancada com óleo, deixando o lado decorado virado para baixo. Feito isso, continue seguindo o preparo a partir do passo 10, até finalizar o Peixinho.

1 – para o preparo do peixinho, é necessário massa listrada, massa lisa colorida e os moldes da cabeça, rabo e corpo do peixinho, que estão na página 75

2 – na massa lisa colorida, corte pedaços da massa utilizando o molde do rabo

3 – na mesma massa lisa colorida, corte pedaços da massa utilizando o molde da cabeça

4 – corte as massas listradas em quadrados um pouco menores que o tamanho do molde do corpo do peixinho

5 – em um ponto central da borda de cada quadrado, molhe a massa com água, utilizando a ponta do dedo

6 – cole os pedaços de massa cortados com o molde da cabeça nos pontos molhados da massa listrada

7 – faça esse procedimento em todos os quadrados de massa listrada

8 – passe os quadrados de massa pelo cilindro para que os pedaços da cabeça do peixinho incorporem à massa

9 – quando a massa é passada pelo cilindro, ela aumenta de tamanho, chegando a ficar maior que o molde do corpo do peixinho

10 – coloque o molde do corpo do peixinho na posição indicada na foto, sobre a massa cozida, no lado da borda em que está colada a cabeça do peixinho

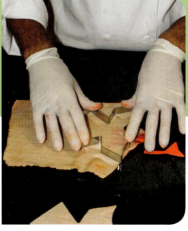
11 – corte todas as massas no formato do corpo do peixinho

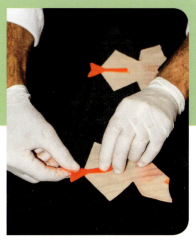
12 – pegue os rabos dos peixes também cozidos e coloque no centro da parte de trás do corpo

73

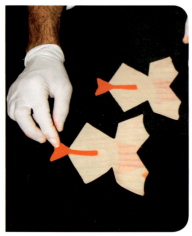
13 – repare que a parte comprida do rabinho deve ficar totalmente sobre a massa para que ele não caia

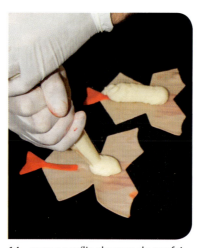
14 – com o auxílio do saco de confeitar, coloque uma porção do recheio no centro de cada massa e sobre a parte comprida do rabo

15 – inicie as dobras fechando um lado da parte de baixo do corpo sobre o recheio

16 – feche o outro lado da parte de baixo do corpo

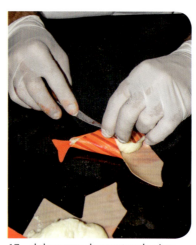
17 – dobre uma das partes de cima do corpo sobre o recheio

18 – dobre a última parte do corpo sobre o recheio

20 – com uma caneta preta de corante alimentício, faça um olho em cada peixinho

21 – o peixe está pronto para ser preparado com um molho

Molde do Peixinho

Obs. Utilize esse desenho no tamanho original, como molde para fazer o seu Peixinho.

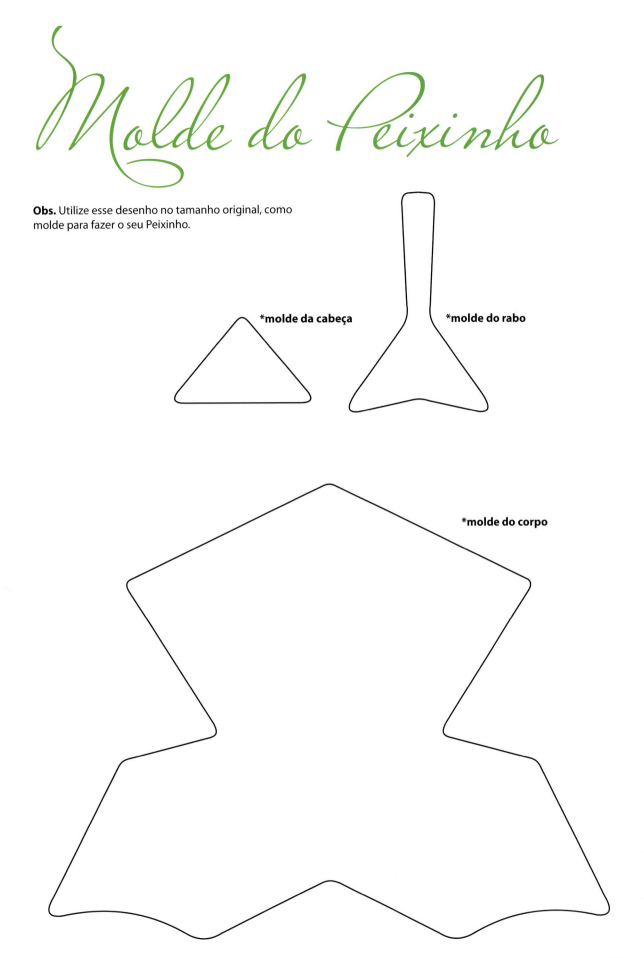

*molde da cabeça

*molde do rabo

*molde do corpo

75

Peixinho de Salmão Defumado

Recheio

300 g de salmão defumado
1 colher (sopa) de manteiga em temperatura ambiente
1 pitada de noz-moscada
3/4 de xícara (chá) de requeijão

Passe todos os ingredientes pelo processador de alimentos até formar uma pasta homogênea.

Sugestão de Molho

Molho 4 Queijos

1 garrafa de creme de leite fresco (500 ml)
1/2 xícara (chá) de catupiri
1/2 xícara (chá) de muçarela ralada
1/2 xícara (chá) de gorgonzola
1/2 xícara (chá) de queijo prato ralado
pimenta-do-reino a gosto

Coloque, em uma panela, o creme de leite e aqueça rapidamente. Junte o catupiri, a muçarela, o gorgonzola e o queijo prato, mexa bem até que derretam todos os queijos. Acerte a pimenta-do-reino.

Rendimento: 5 porções
Tempo de Preparo: 20 minutos

Pesto de Manjerona

Bata no liquidificador duas xícaras (chá) de manjerona, uma xícara (chá) de azeite, um dente de alho, vinte pistaches, uma colher (sopa) de queijo pecorino ralado e sal a gosto.

Peixinho de Atum com Alcaparras

Recheio

2 latas de atum sólido escorrido
3 colheres (sopa) de alcaparras escorridas
1 xícara (chá) de requeijão
sal e pimenta-do-reino a gosto

Passe todos os ingredientes pelo processador de alimentos até formar uma pasta homogênea.

Sugestão de Molho

Molho de Ovos e Ervas

3 gemas
1 colher (sopa) de vinagre de vinho branco
1/4 de xícara (chá) de vinho branco seco
1 colher (sopa) de manteiga
2 colheres (chá) de amido de milho
1 colher (sopa) de cebolinha picada
1 colher (sopa) de estragão picado
1 colher (sopa) de cerefólio picado
sal, pimenta-do-reino e pimenta-caiena a gosto

Coloque as gemas, o vinagre, o vinho branco e a manteiga em uma tigela. Leve ao banho-maria e cozinhe, mexendo sempre, até que a mistura fique cremosa. Reserve. Em uma panela, dissolva o amido de milho em uma xícara (chá) de água e leve ao fogo, junto com a cebolinha, o estragão e o cerefólio. Quando a água ficar ligeiramente espessa, junte o creme de gemas e tempere com sal, pimenta-do-reino e pimenta-caiena.

Rendimento: 3 porções
Tempo de Preparo: 30 minutos

Pesto de Pimentão Amarelo

Bata no liquidificador uma xícara (chá) de pimentão amarelo picado, uma xícara (chá) de azeite, duas colheres (sopa) de mostarda, um dente de alho, duas colheres (sopa) de queijo cheddar, seis castanhas-de-caju e pimenta-do-reino branca e sal a gosto.

Fazendo
o Pirulito

Antes de iniciar o passo 4 da produção do pirulito, a massa cortada deve ser cozida em uma panela com bastante água fervente e sal, por 2 minutos. Escorra a massa e unte uma bancada com óleo. Feito isso, continue seguindo o preparo a partir do passo 4, até finalizar o pirulito.

1 – faça uma massa decorada com tiras coloridas cortadas no cortador de spaguetti

2 – com uma régua, marque a massa, medindo 12 cm de largura por 20 cm de comprimento

3 – corte a massa seguindo as marcações feitas com a régua

4 – coloque as massas cozidas sobre a bancada untada, com a parte decorada virada para baixo

5 – com o auxílio de um saco de confeitar, faça uma linha de recheio na borda das massas, no sentido do comprimento

6 – enrole a massa sobre o recheio, formando canudos

7 – enrole cada canudo recheado sobre ele mesmo, como se fosse um caracol

8 - depois de enrolado, a massa fica parecendo um pirulito

Pirulito de Presunto e Muçarela

Recheio

300 g de muçarela
200 g de presunto
1 xícara (chá) de requeijão

Passe todos os ingredientes pelo processador de alimentos até formar uma pasta homogênea.

Sugestão de Molho

Molho Funghi

1 xícara (chá) de funghi seco
1 envelope de caldo de legumes em pó
1/2 xícara (chá) de vinho tinto seco
1 colher (sopa) de azeite
1 xícara (chá) de cogumelo paris picado
1 xícara (chá) de creme de leite fresco
sal a gosto

Coloque o funghi em uma vasilha com uma xícara e meia (chá) de água quente, o caldo de legumes e o vinho. Deixe hidratar até amolecer. Passe para o liquidificador e bata. Em uma panela aqueça o azeite e frite o cogumelo paris. Junte o creme de funghi e o creme de leite fresco. Deixe aquecer e acerte o sal.

Rendimento: 5 porções
Tempo de Preparo: 40 minutos

Pesto de Abobrinha

Bata no liquidificador uma xícara (chá) de abobrinha cozida, uma xícara (chá) de azeite, um dente de alho, cinco nozes-pecã, uma colher (chá) de raspas de limão, dez folhas de hortelã, duas colheres (sopa) de ricota e sal a gosto.

Fazendo
o Cone

Antes de iniciar a montagem do cone, a massa decorada deve ser cortada em quadrados de 10 cm. Depois de cortada a massa, coloque os quadrados para cozinhar em uma panela com bastante água fervente e sal por 2 minutos. Escorra e coloque os quadrados de massa, com a parte decorada virada para baixo, sobre uma bancada untada com óleo. A partir daí, siga os passos seguintes para fazer o cone.

1 – corte a massa cozida na diagonal, formando triângulos

2 – pegue uma das pontas do triângulo e enrole sobre a massa

3 – una as bordas do triângulo para formar um cone

4 – corte as duas pontas de massa que ficaram sobrando na borda do cone

5 – agora a massa está recortada e pronta para rechear

6 – com o auxílio de um saco de confeitar, recheie os cones

7 – com os dedos, molde a superfície do recheio para deixá-lo liso

85

Cone Quatro Queijos

Recheio

100 g de queijo provolone
200 g de queijo muçarela
60 g de queijo parmesão
3/4 de xícara (chá) de requeijão

Passe todos os ingredientes pelo processador de alimentos até formar uma pasta homogênea.

Sugestão de Molho

Molho de Limão

3 colheres (sopa) de manteiga
1 e 1/2 colher (sopa) de farinha de trigo
2 colheres (sopa) de extrato de soja
suco de 1 limão pequeno
1 colher (chá) de raspas de limão
2 cravos-da-índia
2 colheres (sopa) de cebolinha picada
1/2 xícara (chá) de creme de leite fresco
sal a gosto

Em uma panela, derreta a manteiga e doure a farinha de trigo. Adicione o extrato de soja dissolvido em duas xícaras (chá) de água e mexa até engrossar. Junte o suco e as raspas de limão, os cravos-da-índia, a cebolinha, o creme de leite e sal. Deixe ferver e desligue.

Rendimento: 4 porções
Tempo de Preparo: 20 minutos

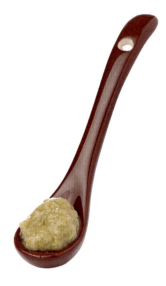

Pesto de Berinjela Defumada

Bata no liquidificador duas xícaras (chá) de berinjela assada, uma xícara (chá) de azeite, um dente de alho, seis macadâmias, quatro colheres (sopa) de ervas mistas (salsa, manjericão, hortelã e orégano), duas colheres (sopa) de ricota defumada e sal a gosto.

Cone de Queijo Montanhês com Gengibre

Recheio

450 g de queijo montanhês
1 colher (sopa) de gengibre ralado
1 xícara (chá) de requeijão

Passe todos os ingredientes pelo processador de alimentos até formar uma pasta homogênea.

Sugestão de Molho

Molho de Maracujá

2 xícaras (chá) de leite
1 colher (sopa) de farinha de trigo
1/2 xícara (chá) de vinho branco seco
polpa de 1 maracujá
1 colher (sopa) de manteiga
sal, noz-moscada e pimenta-do-reino preta a gosto

Em uma panela, coloque o leite e misture a farinha de trigo dissolvida no vinho. Leve ao fogo, mexendo até engrossar. Junte a polpa de maracujá e a manteiga. Tempere com sal, noz-moscada e pimenta.

Rendimento: 4 porções
Tempo de Preparo: 20 minutos

Pesto de Haddock

Bata no liquidificador meia xícara (chá) de haddock defumado, uma xícara (chá) de azeite, suco de meio limão-siciliano, um dente de alho, três colheres (sopa) de cebolinha e sal a gosto.

Fazendo
as Massas em Formatos Divertidos

Antes de cortar a massa em qualquer formato, siga o passo-a-passo da pág. 25 para recheá-las.

90

Coração de Camarão com Champignon

Recheio

1 colher (sopa) de azeite
1 dente de alho picado
1 e 1/2 xícara (chá) de camarão
1 colher (sopa) de salsa desidratada
1 xícara (chá) de champignon escorrido
1/2 xícara (chá) de requeijão cremoso
sal a gosto

Aqueça o azeite em uma panela, frite o alho, junte o camarão e refogue até que ele perca a transparência. Deixe esfriar. Passe pelo processador de alimentos o camarão, a salsa, o champignon, o requeijão e o sal até formar uma pasta homogênea.

Sugestão de Molho

Molho de Tomate Saborizado

1 xícara (chá) de extrato de tomate
1/2 colher (chá) de canela em pó
1 colher (chá) de açúcar
1 pedaço de casca de laranja
1 pedaço de salsão
1 colher (chá) de mostarda em pó
1 envelope de caldo de legumes em pó

Em uma panela, coloque o extrato de tomate, duas xícaras (chá) de água, a canela, o açúcar, a casca de laranja, o salsão, a mostarda e o caldo de legumes. Leve ao fogo e deixe ferver por 3 minutos. Desligue, retire a casca da laranja e o salsão.

Rendimento: 4 porções
Tempo de Preparo: 20 minutos

Pesto de Alho-Poró

Bata no liquidificador uma xícara (chá) de alho-poró, uma xícara (chá) de azeite aromatizado com alho e pimenta, duas colheres (sopa) de cebola picada, duas colheres (sopa) de dill, uma pitada de noz-moscada, quatro castanhas-do-pará e sal a gosto.

Margarida de Presunto di Parma e Alho-poró

Recheio

2 colheres (sopa) de azeite
2 talos de alho-poró fatiados
sal a gosto
100 g de presunto di Parma
1 e 1/2 xícara (chá) de requeijão

Em uma panela, aqueça o azeite e refogue o alho-poró até murchar. Tempere com sal e deixe esfriar. Bata no processador o presunto di Parma, o alho-poró e o requeijão.

Sugestão de Molho

Molho de Tomate Seco

200 g de tomate seco escorrido
1 xícara (chá) de vinho branco seco
2 colheres (sopa) de manteiga
2 colheres (sopa) de farinha de trigo
1 garrafa de creme de leite fresco (500 ml)
1 envelope de caldo de legumes em pó
2 colheres (sopa) de alcaparras

Bata no liquidificador o tomate seco e o vinho branco. Reserve. Derreta a manteiga e doure a farinha de trigo. Acrescente o creme de leite, aos poucos, mexendo sempre, até engrossar levemente. Acrescente o tomate seco batido, o caldo de legumes e as alcaparras. Cozinhe por 5 minutos em fogo baixo e desligue.

Rendimento: 6 porções
Tempo de Preparo: 35 minutos

Pesto de Figo

Bata no liquidificador uma xícara (chá) de figos frescos, uma xícara (chá) de azeite, 1/4 de xícara (chá) de redução de vinagre balsâmico, meia colher (sopa) de pinolis, uma colher (sopa) de queijo grana padano ralado, uma colher (sopa) de açúcar mascavo, meia colher (sopa) de alecrim e sal a gosto.

Tulipa de Carne

Recheio

4 colheres (sopa) de cebola picada
400 g de carne moída
4 colheres (sopa) de vinho branco seco
1/2 xícara (chá) de cenoura ralada
1 pitada de pimenta-do-reino
1 pitada de noz-moscada
sal a gosto
1 colher (sopa) de queijo parmesão ralado
1 colher (sopa) de requeijão

Em uma panela, refogue a cebola junto com a carne, o vinho, a cenoura, a pimenta e a noz-moscada. Tempere com sal e misture o parmesão e o requeijão. Passe o refogado pelo processador de alimentos até formar uma pasta homogênea.

Sugestão de Molho

Molho de Vinho Madeira

2 colheres (sopa) de óleo de gergelim
2 dentes de alho picados
1/2 cebola cortada em meia lua
1/4 de xícara (chá) de vinho Madeira
1 colher (sopa) de vinagre de vinho branco
1/2 garrafa de creme de leite fresco (250 ml)
1 colher (sopa) de sementes de mostarda
1 envelope de caldo de carne em pó
pimenta-caiena a gosto

Em uma panela, aqueça o óleo de gergelim e frite o alho e a cebola. Junte o vinho Madeira, o vinagre, o creme de leite fresco, as sementes de mostarda, o caldo de carne e a pimenta. Mexa bem, deixe ferver e reduzir um pouco.

Rendimento: 3 porções
Tempo de Preparo: 20 minutos

Pesto de Azeitonas Verdes

Bata no liquidificador uma xícara (chá) de azeitonas verdes sem caroço, uma xícara (chá) de azeite, um dente de alho, meia colher (sopa) de cominho em grãos, dez amêndoas, uma colher (sopa) de pimenta-do-reino verde, uma colher (chá) de raspas de limão-siciliano, uma colher (sopa) de parmesão ralado e sal a gosto.

Mezzaluna de Abóbora com Carne-seca

Recheio

2 xícaras (chá) de abóbora japonesa cozida
1 xícara (chá) de carne-seca dessalgada, cozida e desfiada
1/2 xícara (chá) de cebolinha picada
1/2 xícara (chá) de catupiri
sal a gosto

Passe todos os ingredientes pelo processador de alimentos até formar uma pasta homogênea.

Sugestão de Molho

Molho de Tomate Grelhado

8 tomates italianos sem sementes cortados em pedaços
1 cebola roxa cortada em pedaços
4 dentes de alho descascados e inteiros
5 pimentas biquinho
suco de 1/2 limão
3 colheres (sopa) de azeite
1/2 xícara (chá) de vinho branco seco
2 colheres (sopa) de manjerona desidratada
sal a gosto

Separe 1/3 do tomate e reserve. Coloque o restante em uma assadeira com a cebola roxa, o alho, as pimentas, o suco de limão e o azeite. Misture bem e leve ao forno preaquecido em temperatura média, por 30 minutos ou até murcharem. Passe para um liquidificador e bata com o vinho branco. Transfira para uma panela e adicione a manjerona e sal. Junte os tomates reservados e deixe ferver até os tomates ficarem macios. Sirva sobre a massa.

Rendimento: 5 porções
Tempo de Preparo: 40 minutos

Pesto de Ervilhas

Bata no liquidificador uma xícara (chá) de ervilhas frescas cozidas, uma xícara (chá) de azeite, uma colher (sopa) de salsa, uma colher (chá) de orégano desidratado, duas colheres (sopa) de queijo cottage, três colheres (sopa) de vinagre de maçã, uma colher (chá) de molho de pimenta forte e sal a gosto.

Pinheirinho de Muçarela e Hortelã

Recheio

450 g de muçarela
1/2 xícara (chá) de folhas de hortelã
1 xícara (chá) de requeijão

Passe todos os ingredientes pelo processador de alimentos até formar uma pasta homogênea.

Sugestão de Molho

Molho de Tomate-Cereja

2 xícaras (chá) de tomates-cereja
1/2 xícara (chá) de vinho branco seco
1 colher (sopa) de manteiga
1/2 cebola picada
1 xícara (chá) de cenoura ralada
1/2 colher (chá) de noz-moscada
suco de 1/2 limão
1 envelope de caldo de legumes em pó
pimenta chilli a gosto
1 xícara (chá) de rúcula picada

Bata o tomate-cereja no liquidificador junto com o vinho branco. Derreta a manteiga em uma panela e frite a cebola e a cenoura. Junte o molho de tomate batido, a noz-moscada, o suco de limão, o caldo de legumes e a pimenta. Deixe o molho apurando por 15 minutos em fogo baixo. Na hora de servir coloque a rúcula.

Rendimento: 5 porções
Tempo de Preparo: 20 minutos

Pesto de Coco

Bata no liquidificador meia xícara (chá) de coco seco ralado, 3/4 de xícara (chá) de azeite, duas colheres (sopa) de ricota, 1/4 de xícara (chá) de leite de coco e pimenta-do-reino branca e sal a gosto.

Coração de Cream Cheese com Amêndoas

Recheio

500 g de cream cheese
4 colheres (sopa) de amêndoas sem pele bem picadas

Misture bem os ingredientes.

Sugestão de Molho

Molho de Parmesão

3 colheres (sopa) de manteiga
2 colheres (sopa) de farinha de trigo
5 grãos de pimenta-da-jamaica
1 e 1/2 xícara (chá) de leite
1 xícara (chá) de creme de leite fresco
1 xícara (chá) de queijo parmesão ralado
sal e pimenta-do-reino branca moída

Em uma panela, derreta a manteiga e doure a farinha de trigo e a pimenta-da-jamaica. Adicione o leite e o creme de leite, mexendo sempre, até engrossar. Acrescente o queijo parmesão, sal e pimenta-do-reino branca.

Rendimento: 4 porções
Tempo de Preparo: 20 minutos

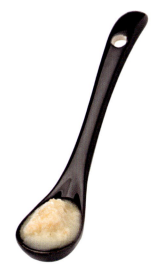

Pesto de Champignon

Bata no liquidificador uma xícara (chá) de champignons em conserva, uma xícara (chá) de azeite, um dente de alho, uma colher (chá) de tomilho fresco, duas colheres (sopa) de queijo pecorino ralado, cinco nozes e sal a gosto.

Coração de Queijo Camembert com Pinolis e Salsa

Recheio

400 g de queijo camembert
1/2 xícara (chá) de requeijão
sal a gosto
3 colheres (sopa) de pinolis torrados e picados
2 colheres (sopa) de salsa desidratada

Amasse o queijo com um garfo, misture o requeijão e sal. Adicione os pinolis e a salsa.

Sugestão de Molho

Molho de Anchova

1 colher (sopa) de azeite
1/2 cebola roxa picada
1/2 colher (sopa) de anchova picada
1 colher (sopa) de molho inglês
1/2 colher (sopa) de orégano
1 lata de molho de tomate pronto
molho de pimenta forte a gosto

Em uma panela, aqueça o azeite e frite a cebola e a anchova. Acrescente o molho inglês, o orégano, o molho de tomate e o molho de pimenta. Mexa bem até ferver.

Rendimento: 4 porções
Tempo de Preparo: 20 minutos

Pesto de Alcachofra

Bata no liquidificador uma xícara (chá) de coração de alcachofra, uma xícara (chá) de azeite, duas colheres (sopa) de ciboullete, uma colher (chá) de coentro em grãos, uma colher (sopa) de chancliche sem ervas e sal a gosto.

Estrela de Ricota com Gorgonzola e Maçã

Recheio

300 g de ricota
1/2 xícara (chá) de gorgonzola
1/2 xícara (chá) de requeijão
3/4 de xícara (chá) de maçã desidratada bem picada
sal a gosto

Passe todos os ingredientes pelo processador de alimentos até formar uma pasta homogênea.

Sugestão de Molho

Molho de Geleia de Tomate

2 colheres (sopa) de azeite
1 dente de alho picado
1/2 colher (chá) de gengibre ralado
1 pedaço pequeno de canela em pau
1 cravo-da-índia
4 colheres (sopa) de vinagre de vinho tinto
1 lata de tomate pelado picado
1 colher (sopa) de açúcar mascavo
1/2 colher (chá) de cominho em pó
1/2 xícara (chá) de folhas de manjericão
sal e pimenta-caiena a gosto

Aqueça o azeite e frite o alho, o gengibre, a canela e o cravo até soltar o aroma. Junte o vinagre, o tomate pelado, o açúcar, o cominho, as folhas de manjericão, o sal e a pimenta. Mexa bem, em fogo baixo, até secar bem a água.

Rendimento: 4 porções
Tempo de Preparo: 20 minutos

Pesto de Frango

Bata no liquidificador meia xícara (chá) de carne de frango cozida, uma xícara (chá) de azeite, duas colheres (sopa) de sementes de mostarda, meia xícara (chá) de leite, duas colheres (sopa) de requeijão e pimenta-caiena e sal a gosto.

Mezzaluna de Funghi com Gruyère

Recheio

1 xícara (chá) de funghi seco
300 g de queijo gruyère picado
1 xícara (chá) de requeijão
sal a gosto

Hidrate o funghi em água quente por 30 minutos. Escorra e esprema bem o funghi para retirar o excesso de água. Passe todos os ingredientes pelo processador de alimentos até formar uma pasta homogênea.

Sugestão de Molho

Molho de Couve-flor

1/2 cabeça de couve-flor cortada em buquês
500 ml de leite
1 envelope de caldo de legumes em pó
1/2 cebola (pedaço)
1/2 colher (chá) de noz-moscada
1/2 xícara (chá) de creme de leite
sal e pimenta-do-reino a gosto

Coloque a couve-flor em uma panela e adicione o leite, o caldo de legumes, a cebola e a noz-moscada. Ferva até a couve-flor ficar macia. Passe para um processador e bata. Volte à panela e adicione o creme de leite, o sal e a pimenta-do-reino.

Rendimento: 5 porções
Tempo de Preparo: 30 minutos

Pesto de Abóbora

Bata no liquidificador uma xícara (chá) de abóbora cozida, uma xícara (chá) de azeite, duas colheres (sopa) de bacon frito, duas colheres (sopa) de vinho tinto seco, uma colher (sopa) de sementes de girassol e sal a gosto.

Estrela de Linguiça com Rúcula

Recheio

2 xícaras (chá) de linguiça calabresa sem a pele e picada
1 xícara (chá) de requeijão
1 xícara (chá) de rúcula

Passe todos os ingredientes pelo processador de alimentos até formar uma pasta homogênea.

Sugestão de Molho

Molho de Cogumelos

2 colheres (sopa) de azeite
1 xícara (chá) de cogumelos frescos cortados em lâminas
2 colheres (sopa) de manteiga
2 colheres (sopa) de cebola ralada
2 dentes de alho picados
3 colheres (sopa) de farinha de trigo
1 e 1/2 xícara (chá) de leite
1 xícara (chá) de vinho branco seco
1 envelope de caldo de legumes em pó
2 colheres (chá) de pimenta-rosa
1 e 1/2 colher (sopa) de cebolinha picada

Aqueça o azeite e refogue os cogumelos. Desligue e reserve. Derreta a manteiga e frite a cebola e o alho. Junte a farinha de trigo e misture bem. Adicione o leite e o vinho, aos poucos, mexendo até engrossar ligeiramente. Acrescente o caldo de legumes e cozinhe por 2 minutos, em fogo baixo, após o início da fervura. Adicione a pimenta-rosa, os cogumelos refogados e a cebolinha. Misture, deixe ferver por mais 1 minuto e desligue.

Rendimento: 4 porções
Tempo de Preparo: 35 minutos

Pesto de Ameixa

Bata no liquidificador uma xícara (chá) de ameixas secas sem caroço, uma xícara (chá) de azeite, duas colheres (sopa) de sálvia, duas colheres (sopa) de shoyu, uma colher (sopa) de amêndoas e sal a gosto.

**ADMINISTRAÇÃO REGIONAL DO SENAC
NO ESTADO DE SÃO PAULO**
Presidente do Conselho Regional:
Abram Szajman

Diretor do Departamento Regional:
Luiz Francisco de A. Salgado

Superintendente Universitário e de Desenvolvimento:
Luiz Carlos Dourado

Conselho Editorial:
Luiz Francisco de A. Salgado
Luiz Carlos Dourado
Darcio Sayad Maia
Lucila Mara Sbrana Sciotti
Luís Américo Tousi Botelho

Gerente/Publisher:
Luís Américo Tousi Botelho

Coordenação Editorial:
Ricardo Diana

Prospecção:
Dolores Crisci Manzano

Comercial:
Aldair Novais Pereira

Administrativo:
Verônica Pirani de Oliveira

Projeto Gráfico: Rodrigo Maragliano
Diagramação e Tratamento de Imagens: Arturo Kleque Gomes Neto
Revisão de Textos: Equipe Ponto A – Comunicação e Conteúdo
Fotografias das Receitas: Cristiano Lopes
Produção Fotográfica: Airton G. Pacheco
Textos: André Boccato
Coordenação de E-books: Rodolfo Santana
Impressão e Acabamento: Mundial Gráfica

Editora Senac São Paulo
Av. Engenheiro Eusébio Stevaux, 823 – Prédio Editora
Jurubatuba – CEP 04696-000 – São Paulo – SP
Tel. (11) 2187-4450
editora@sp.senac.br
https://www.editorasenacsp.com.br

© Editora Senac São Paulo, 2015

Os molhos e pestos que aparecem nas fotografias das massas não são os mesmos sugeridos pelo autor na página das receitas; o autor fez uma combinação para harmonizar melhor os sabores.

As fotografias das receitas deste livro são ensaios artísticos, não necessariamente reproduzindo as proporções e a realidade das receitas, as quais foram criadas e testadas pelos autores, porém sua efetiva realização será sempre uma interpretação pessoal dos leitores.

Dados Internacionais de Catalogação na Publicação (CIP)
(Jeane dos Reis Passos - CRB 8ª/6189)

Boccato, André
    Massas Gourmet / André Boccato. -- São Paulo : Editora Senac São Paulo, 2015.

    ISBN 978-85-396-0870-6

    1. Massas (Culinária) 2. Receitas I. Título.

15-313s
CDD – 641.822
BISAC CKB061000

Índice para catálogo sistemático:
1. Massas : Receitas : Gastronomia   641.822